AF753709

¿QUIÉN GANARÁ?

LA PELEA FINAL DE TIBURONES

JERRY PALLOTTA
ILUSTRADO POR
ROB BOLSTER

Scholastic Inc.

RONDAS DEL TORNEO

A Andy Pallotta, el tiburón blanco, y a Kathy Pallotta, el tollo cigarro.
—J.P.

Al hermano Ed Griffin, por su generosidad e ingenio mordaz.
—R.B.

Originally published in English as *Who Would Win?: Ultimate Shark Rumble*

Translated by Abel Berriz

Copyright © 2020 by Jerry Pallotta.
Illustrations copyright © 2020 by Rob Bolster.
Translation copyright © 2024 by Scholastic Inc.

All rights reserved. Published by Scholastic Inc., *Publishers since 1920*. SCHOLASTIC, SCHOLASTIC EN ESPAÑOL, and associated logos are trademarks and/or registered trademarks of Scholastic Inc. WHO WOULD WIN? is a registered trademark of Jerry Pallotta.

The publisher does not have any control over and does not assume any responsibility for author or third-party websites or their content.

No part of this publication may be reproduced, stored in a retrieval system, or transmitted in any form or by any means, electronic, mechanical, photocopying, recording, or otherwise, without written permission of the publisher. For information regarding permission, write to Scholastic Inc., Attention: Permissions Department, 557 Broadway, New York, NY 10012.

ISBN 978-1-339-04373-9

10 9 8 7 6 5 4 25 26 27 28

Printed in the U.S.A. 40
First Spanish printing, 2024

¿Qué pasaría si 16 tiburones participaran en un torneo? ¿Y si este fuera eliminatorio? ¿Quién ganaría? Si un tiburón pierde una pelea, queda fuera de la competencia.

DATO
El tiburón peregrino es el segundo pez más grande del mundo.

DATO DE NOMBRE
El tiburón peregrino se llama así porque nada por todo el planeta.

El tiburón peregrino es un filtrador. Nada con la boca abierta cerca de la superficie del océano. No sientas miedo. Tiene dientes diminutos.

RONDA 1

TIBURÓN PEREGRINO VS. TIBURÓN SARDA

PELEA 1

El tiburón sarda se mueve en aguas poco profundas donde nadan las personas. También nada por los ríos y, a veces, en los lagos. El tiburón sarda sí ataca a las personas. ¡Ten cuidado!

DATO EXTRAÑO
Los tiburones sarda pueden vivir en cautiverio.

Sin dientes grandes y con mandíbula de filtrador, el tiburón peregrino no tiene posibilidades de ganar. El tiburón sarda muerde al tiburón peregrino con su fuerte mandíbula y sus dientes afilados. ¡Adiós!

DATO ESCAMOSO
Todos los tiburones son peces.

HISTORIA VERDADERA
Un tiburón sarda que nadó por un río en África fue devorado por un cocodrilo.

¡EL TIBURÓN SARDA GANA LA PELEA!

El tiburón mako es el tiburón más rápido del océano. Puede nadar hasta 45 millas por hora. Al mako a menudo se le llama el "guepardo del mar" o el "halcón del océano". Es bueno poder nadar más rápido que tus enemigos.

DATO
Los tiburones no duermen. Estos peces tienen periodos activos y de descanso. Por ejemplo, los tiburones de arrecife descansan en el fondo del océano.

RONDA 1

TIBURÓN MAKO VS. TIBURÓN SIERRA

PELEA 2

El tiburón sierra tiene dientes a lo largo del morro. Es un tiburón fácil de identificar. Utiliza el morro para cortar bancos de peces. ¿Te gustaría tener dientes en la nariz?

DATO DE LENGUAJE
La palabra mako *proviene del idioma maorí y significa tiburón.*

El tiburón sierra da miedo, pero no es rival para el tiburón mako. El veloz mako nada directamente hacia el tiburón sierra y le muerde la cola. El tiburón sierra está herido y no puede nadar.

¡EL TIBURÓN MAKO GANA LA PELEA!

Los mamíferos tienen pulmones. Los peces tienen branquias. Casi todos los tiburones tienen cinco branquias a cada lado de la cabeza. Fiel a su nombre, el tiburón de siete branquias tiene siete branquias.

DATO
Los tiburones no tienen huesos. Sus esqueletos están hechos de cartílago.

ONDA 1

TIBURÓN DE SIETE BRANQUIAS VS. TIBURÓN MARTILLO

PELEA 3

Su cabeza no se parece a un martillo. Se parece más al ala de un avión. Cuando uno ve su forma, sabe exactamente de qué tiburón se trata.

DATO DE MARTILLO
La posición de los ojos le permite tener una visión excelente.

DATO
A un tipo de tiburón martillo se le conoce como cabeza de pala.

El tiburón martillo tiene una visión excelente y puede ver hacia atrás. Observa cada movimiento del tiburón de siete branquias. Este último da un giro y el tiburón martillo, que es más grande, lo ataca. ¡Un mordisco! ¡Dos mordiscos! Adiós, tiburón de siete branquias.

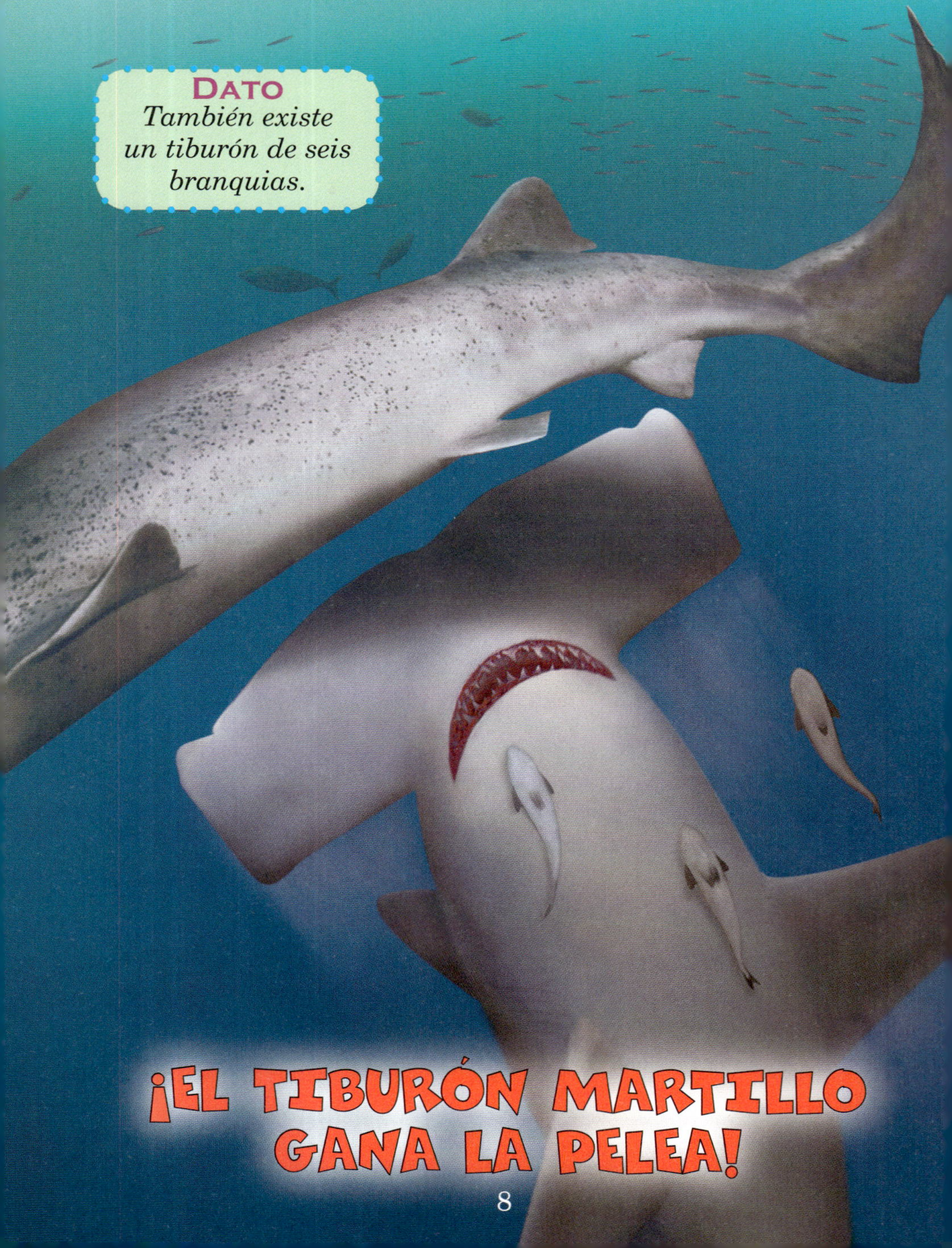

DATO
También existe un tiburón de seis branquias.

¡EL TIBURÓN MARTILLO GANA LA PELEA!

El abisal tiburón duende tiene una cara aterradora. Este tiburón ha existido por más de cien millones de años. Sus antepasados probablemente pelearon con plesiosaurios y dinosaurios.

DATO RARO
Pocos tiburones duende han sido capturados.

DATO FÓSIL
Un plesiosaurio es un reptil marino extinto.

RONDA 1

TIBURÓN DUENDE VS. TIBURÓN TIGRE

PELEA 4

Te presentamos al tiburón tigre. Tiene el nombre perfecto. ¡Cuidado, surfistas y nadadores! Se sabe que este tiburón ataca a los humanos. Tiene dientes capaces de morder los caparazones de las tortugas marinas.

DATO DE LENGUAJE
Abisal *significa que habita aguas muy profundas.*

Este es el enfrentamiento entre un tiburón antiguo y feo y una máquina de pelear elegante y bellamente diseñada. El tiburón tigre tiene la cola y las aletas más grandes, y puede nadar más rápido y girar mejor que el tiburón duende. La pelea no toma mucho tiempo.

DATO ESPIRITUAL

Algunos nativos hawaianos creen que los tiburones tigre son los espíritus de sus antepasados.

¡EL TIBURÓN TIGRE GANA LA PELEA!

DATO DE POLIZONES

Las rémoras son peces que se adhieren a los tiburones.

El tiburón blanco es uno de los tiburones más famosos del mundo. Tiene una mandíbula enorme y fuerte con dientes en forma de triángulo. Se le culpa por la mayoría de los ataques contra humanos en todo el planeta.

DATO DE ALETAS
Los tiburones tienen aletas pectorales, dorsales, pélvicas, anales y caudales.

RONDA 1

TIBURÓN BLANCO VS. TIBURÓN GALANO

PELEA 5

Este tiburón es de color amarillo y tiene dos aletas dorsales.

DATO DE COLOR
No todos los tiburones son grises.

El tiburón galano pelea bien, pero el tiburón blanco es demasiado grande y feroz. El tiburón blanco nada directamente hacia el tiburón galano y lo muerde con su fuerte mandíbula. La mordida es fatal.

¡EL TIBURÓN BLANCO GANA LA PELEA!

El tiburón ballena es el pez más grande del océano. Mide hasta 40 pies de largo y pesa hasta 20 toneladas. Tiene dientes diminutos y es un filtrador. El tiburón ballena nada con la enorme boca abierta y captura pequeñas criaturas marinas como el krill y los copépodos. Extraño, pero cierto: el pez más grande se come a las criaturas más pequeñas.

DATO
El tiburón ballena no es una ballena, es también un pez.

DATO DE LA BOCA
La boca del tiburón ballena mide hasta cinco pies de ancho. Parece una aspiradora.

RONDA 1

TIBURÓN BALLENA VS. TIBURÓN DE PUNTAS NEGRAS

PELEA 6

El tiburón de puntas negras se llama así por la punta negra de su aleta dorsal. Este tiburón ataca a los humanos.

No es justo: un tiburón agresivo contra un filtrador. El tiburón de puntas negras no se deja intimidar por el tamaño del tiburón ballena. Lo ataca y lo muerde una, dos, tres veces. El tiburón de puntas negras hiere al gran tiburón ballena.

El tiburón ballena pierde mucha sangre y se hunde lentamente. Será un excelente manjar para cientos de peces.

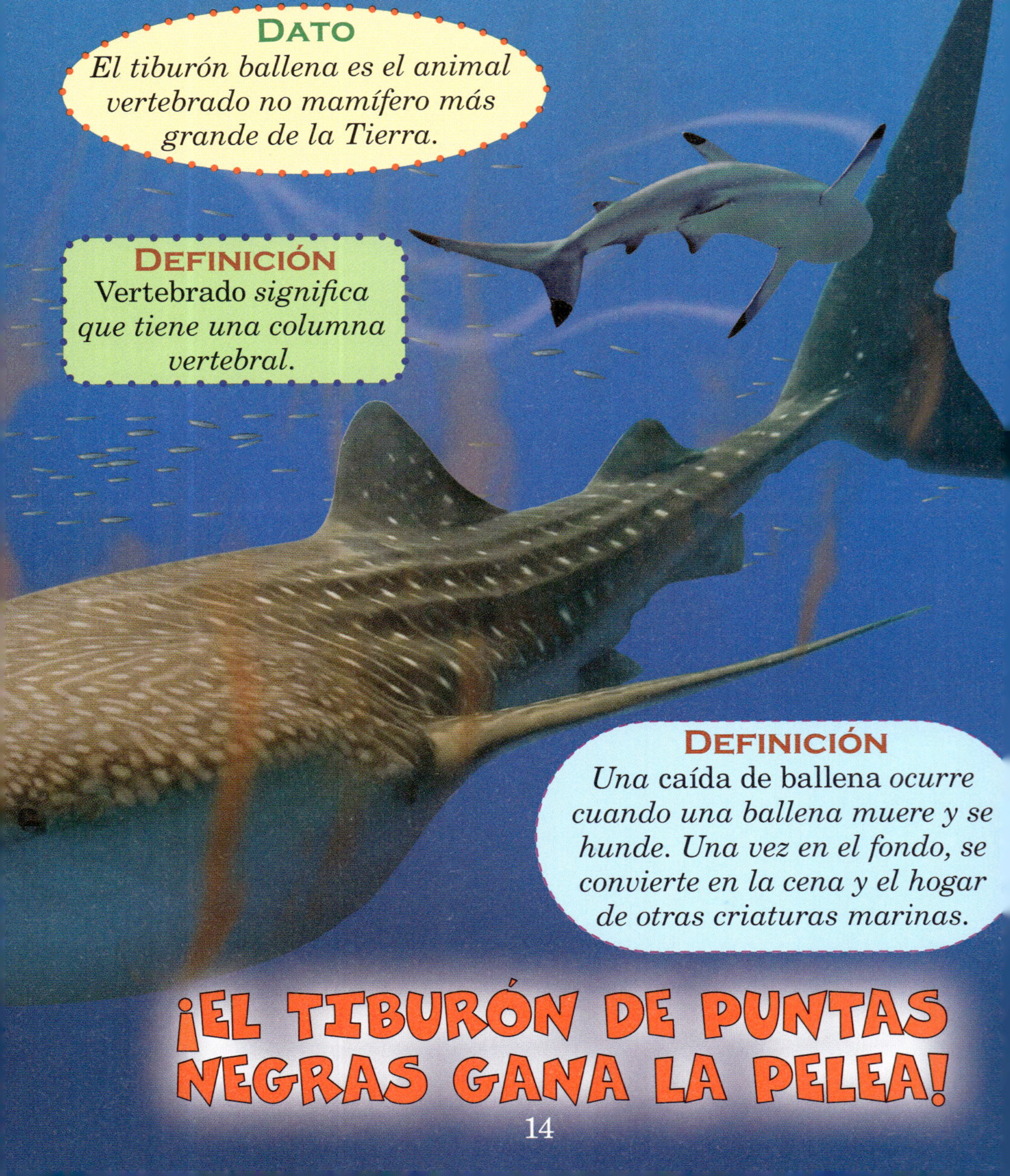

DATO

El tiburón ballena es el animal vertebrado no mamífero más grande de la Tierra.

DEFINICIÓN

Vertebrado *significa que tiene una columna vertebral.*

DEFINICIÓN

Una caída de ballena *ocurre cuando una ballena muere y se hunde. Una vez en el fondo, se convierte en la cena y el hogar de otras criaturas marinas.*

¡EL TIBURÓN DE PUNTAS NEGRAS GANA LA PELEA!

El tiburón azotador tiene la cola larga. Esta mide más de la mitad de la longitud de su cuerpo y le permite nadar, girar y detenerse más rápido. Este tiburón caza azotando la cola.

DATO
Al tiburón azotador común también se le llama pez zorro.

RONDA 1

TIBURÓN AZOTADOR VS. TIBURÓN LEOPARDO

PELEA 7

El tiburón leopardo es un tiburón pequeño con manchas parecidas a las de un leopardo. Crece solo hasta unos cuatro pies de largo.

DATO PEQUEÑO
El tiburón linterna enano es el tiburón más pequeño del océano. Mide solo unas ocho pulgadas de largo.

NOMBRE CÓMICO
El diminuto tollo cigarro les corta pequeños trozos en forma de galleta a otros peces, delfines y ballenas.

El tiburón azotador rodea al tiburón leopardo para analizarlo. Hay una gran diferencia de tamaño entre estas dos criaturas. El tiburón azotador usa su gran cola para azotar y aturdir al tiburón leopardo. Su cola es un arma secreta.

DATO DE LENGUAJE
Al tiburón también se le dice escualo.

¡EL TIBURÓN AZOTADOR GANA LA PELEA!

El tiburón boquiancho es un raro tiburón de aguas profundas descubierto en 1976. No te asustes. Tiene la boca grande, pero ¡no es gran cosa! Es también un filtrador.

DATO RARO
Poca gente ha visto al boquiancho vivo.

NO TE CONFUNDAS
No confundas al boquiancho con el boquerón, que es un pez azul que también se conoce como anchoa.

RONDA 1

TIBURÓN BOQUIANCHO VS. TIBURÓN DE GROENLANDIA

PELEA 8

El tiburón de Groenlandia vive entre 300 y 500 años, más tiempo que cualquier tiburón. El tiburón de Groenlandia pertenece a una especie que lleva en la Tierra más de 100 millones de años.

NOMBRE CURIOSO
El papel de lija recibe este nombre por la lija, una especie de tiburón.

El tiburón boquiancho generalmente come peces pequeños y krill; no podría atacar al tiburón de Groenlandia. El tiburón de Groenlandia nada hacia el boquiancho y lo ataca.

DATO DE CHOQUE
Algunos tiburones chocan primero con su posible presa para averiguar de qué está hecha.

DATO
Se han encontrado tiburones de Groenlandia a una milla de profundidad.

El tiburón boquiancho tiene muchos dientes, pero son pequeños. El tiburón de Groelandia muerde al boquiancho.

¡EL TIBURÓN DE GROENLANDIA GANA LA PELEA!

Este es el final de la primera ronda. Solo quedan ocho tiburones en la competencia.

El tiburón sarda peleó contra un filtrador para pasar a la segunda ronda. Ahora enfrenta velocidad y dientes afilados. Este sí que es un desafío. ¿Quién ganará? ¿Quién pasará a las SEMIFINALES?

RONDA 2

TIBURÓN SARDA VS. TIBURÓN MAKO

PELEA 1

El tiburón mako es tan rápido que al tiburón sarda le cuesta encontrarlo. El tiburón sarda pasa trabajo persiguiendo a su oponente.

DATO DE ATAQUE
Algunos tiburones atacan por abajo. Otros tiburones atacan por arriba.

La velocidad es una gran arma, pero a la larga el tiburón mako tiene que enfrentar al tiburón sarda. El tiburón sarda es muy fuerte y agresivo para el mako. Su mandíbula es una máquina demoledora. El tiburón sarda vence al mako.

¡EL TIBURÓN SARDA GANA LA PELEA!

Algunos pensaron que el tiburón martillo terminaría peleando contra el tiburón tigre en la final, pero estos deben enfrentarse en la segunda ronda.

RONDA 2

TIBURÓN MARTILLO VS. TIBURÓN TIGRE

PELEA 2

DATO DE COMPAÑÍA

Los peces piloto obtienen protección y comida al acompañar a los tiburones.

El tiburón martillo tiene la boca más pequeña que el tiburón tigre. El tiburón tigre nada por un lado y le muerde un ojo al tiburón martillo. El tiburón martillo está en problemas. El tiburón tigre le muerde luego el lomo.

¡EL TIBURÓN TIGRE GANA LA PELEA!

¿Podría el tiburón blanco comerse a los demás tiburones de este libro? Lástima que no esté aquí el extinto megalodonte para tragárselo a él de un bocado. El tiburón blanco comienza a nadar hacia el tiburón de puntas negras.

DATO DE COLA
Los mamíferos marinos tienen la cola horizontal. Casi todos los tiburones tienen la cola vertical.

RONDA 2

TIBURÓN BLANCO VS. TIBURÓN DE PUNTAS NEGRAS

PELEA 3

El tiburón de puntas negras ve al tiburón blanco y se da cuenta de que la pelea va en serio. No tiene dónde esconderse.

DATO DE REBAÑO
Los tiburones de puntas negras a menudo andan en grandes manadas o bancos.

El tiburón blanco ataca. Abre la enorme mandíbula y muerde al tiburón de puntas negras. El agresivo tiburón de puntas negras quiere escapar, pero es demasiado tarde. Se convierte en el almuerzo.

¡EL TIBURÓN BLANCO GANA LA PELEA!

El tiburón azotador intenta intimidar al tiburón de Groenlandia con su elegante cola y sus giros engañosos. La estrategia no le funciona.

RONDA 2

TIBURÓN AZOTADOR VS. TIBURÓN DE GROENLANDIA

PELEA 4

El tiburón de Groenlandia es más grande y no tiene miedo. Está listo para usar su fuerte mandíbula.

DATO DENTAL

Los tiburones pierden miles de dientes durante su vida, pero les crecen otros en su lugar. Los humanos solo tenemos 32 dientes permanentes.

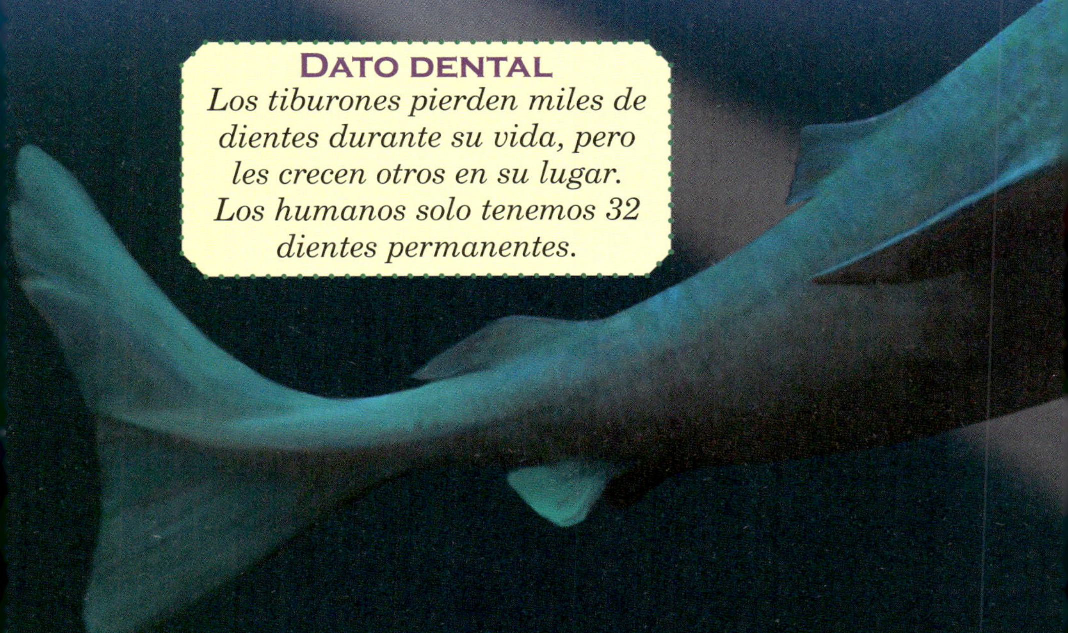

El tiburón azotador se acerca, y el tiburón de Groenlandia lo muerde por el costado.

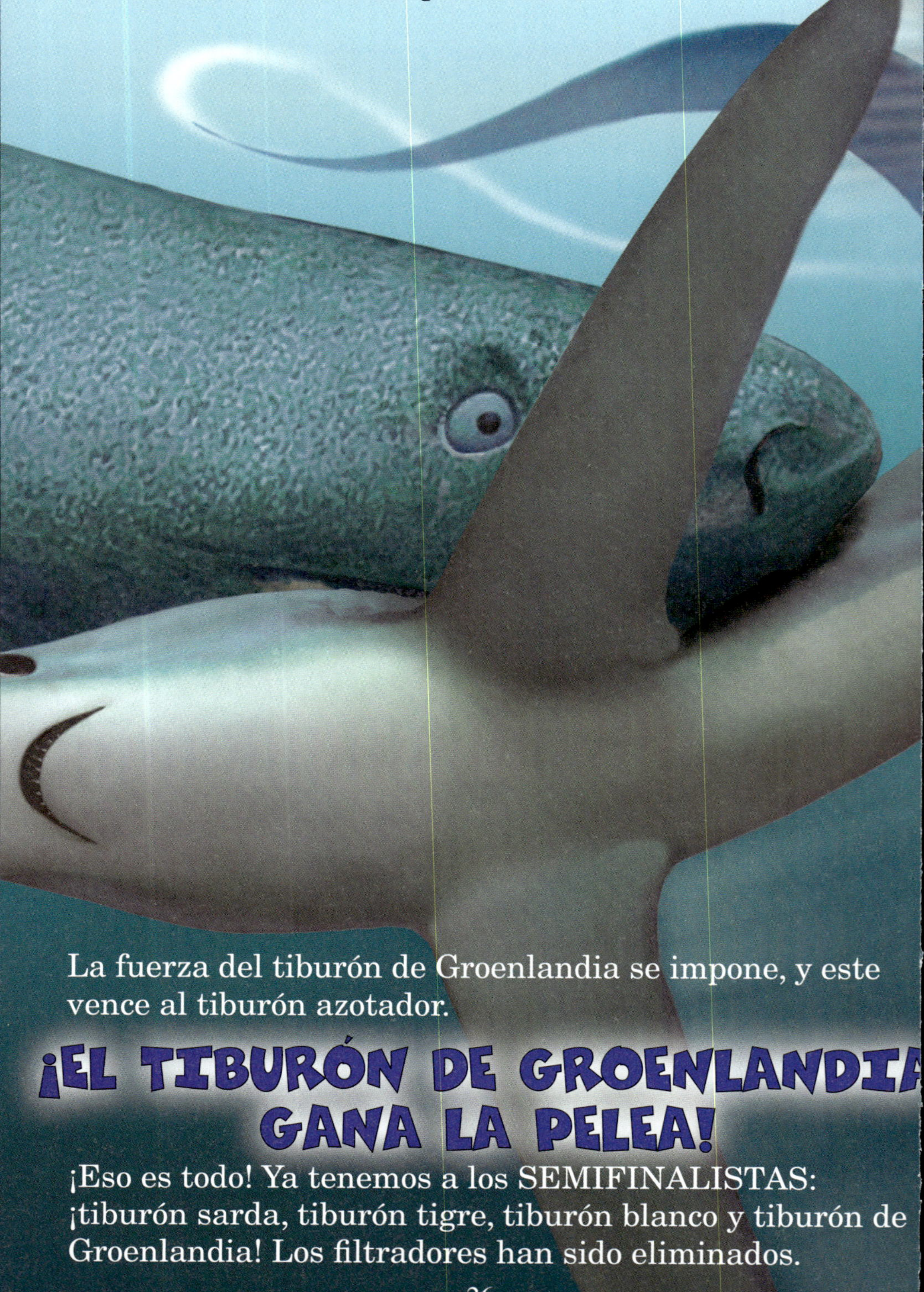

La fuerza del tiburón de Groenlandia se impone, y este vence al tiburón azotador.

¡EL TIBURÓN DE GROENLANDIA GANA LA PELEA!

¡Eso es todo! Ya tenemos a los SEMIFINALISTAS: ¡tiburón sarda, tiburón tigre, tiburón blanco y tiburón de Groenlandia! Los filtradores han sido eliminados.

Solo quedan cuatro competidores. Llegaron las…

SEMIFINALES

Esta es una pelea entre casi iguales. Ambos tiburones son feroces. Ambos se consideran “devoradores de hombres”. El tiburón sarda y el tiburón tigre suelen aparecer en las noticias.

RONDA 3

TIBURÓN SARDA VS. TIBURÓN TIGRE

PELEA 1

El tiburón sarda se acerca al tiburón tigre. El tiburón tigre le va encima al tiburón sarda. El tiburón tigre es más largo y pesado. El tiburón sarda es más ancho.

Esta es una pelea seria. El tiburón tigre muerde al tiburó
sarda. *¡Cronch!* El tiburón sarda se hunde.

¡EL TIBURÓN TIGRE GANA LA PELEA!

El tiburón blanco espera que el tiburón de Groenlandia nade hasta la superficie. Ambos son casi del mismo tamaño. El tiburón blanco es más rápido. Tiene dientes más grandes y afilados.

ONDA 3

TIBURÓN BLANCO VS. TIBURÓN DE GROENLANDIA

PELEA 2

El tiburón de Groenlandia no es tan ágil como el tiburón blanco. El tiburón blanco es más inteligente. ¿Cuál es la estrategia del tiburón blanco?

DATO DE PELÍCULA

El tiburón blanco ha protagonizado cuatro películas famosas: Tiburón, Tiburón 2, Tiburón 3 *y* Tiburón, la venganza.

El tiburón blanco ataca a toda velocidad por abajo. *¡Cronch!* Le desgarra el vientre al tiburón de Groenlandia. El tiburón blanco no quería morder primero el duro lomo del tiburón de Groenlandia. ¡Adiós, tiburón de Groenlandia!

¡EL GRAN TIBURÓN BLANCO GANA LA PELEA!

¡Debimos suponer que la estrella de cine llegaría a la final!

¡PELEA DE CAMPEONATO!
TIBURÓN TIGRE VS. TIBURÓN BLANCO

Dos feroces tiburones pelean de acá para allá. Una cabeza roma contra una cabeza puntiaguda. Ojos a los lados contra ojos al frente. Una mandíbula cuadrada se enfrenta a una mandíbula ovalada.

El tiburón blanco intenta atacar por abajo. El tiburón tigre permanece cerca del fondo. El tiburón blanco pasa nadando y el tiburón tigre, que tiene la cola más larga, gira y muerde al tiburón blanco. El tiburón blanco está sangrando.

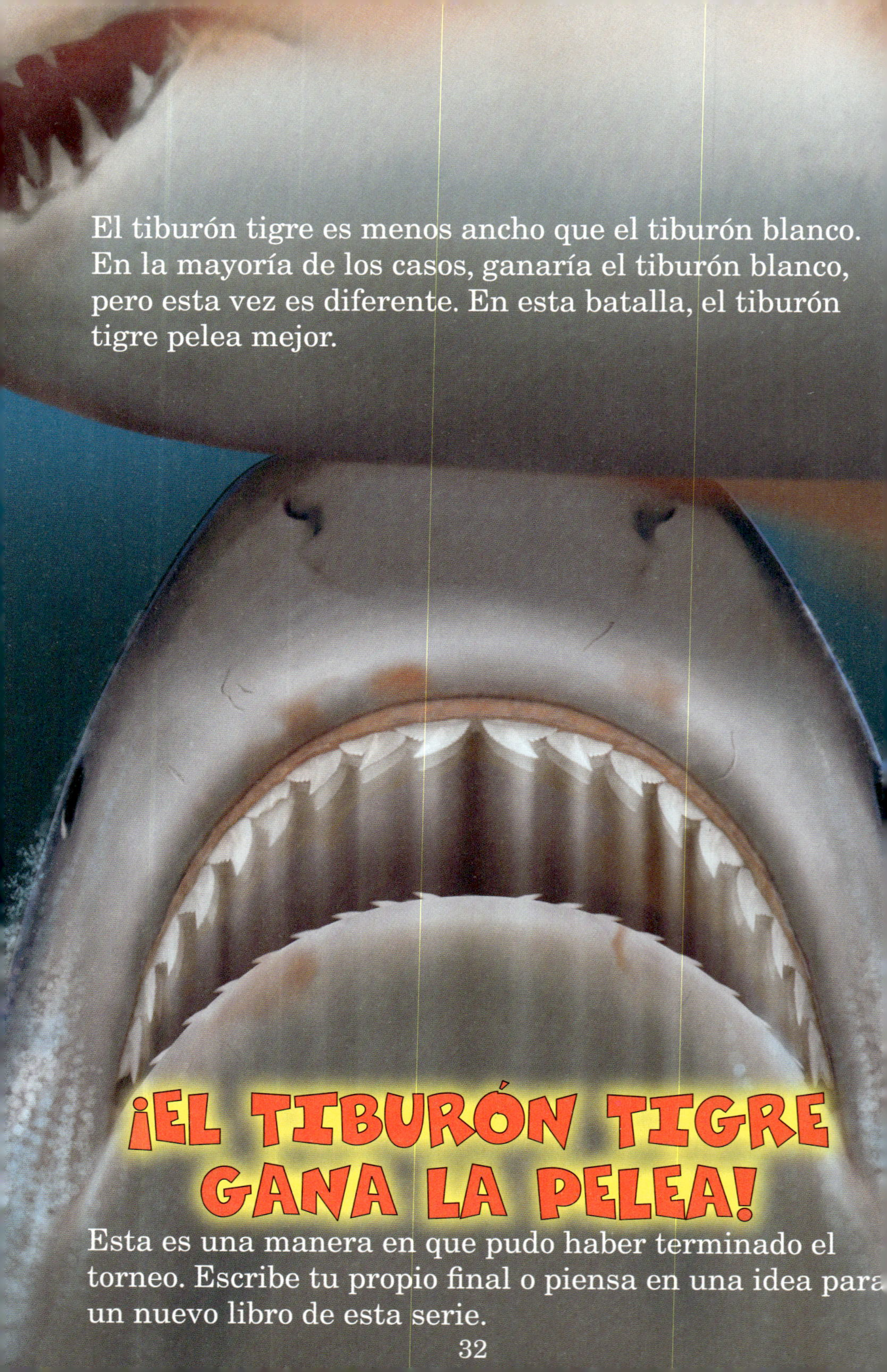

El tiburón tigre es menos ancho que el tiburón blanco. En la mayoría de los casos, ganaría el tiburón blanco, pero esta vez es diferente. En esta batalla, el tiburón tigre pelea mejor.

¡EL TIBURÓN TIGRE GANA LA PELEA!

Esta es una manera en que pudo haber terminado el torneo. Escribe tu propio final o piensa en una idea para un nuevo libro de esta serie.